Tuan te kawai

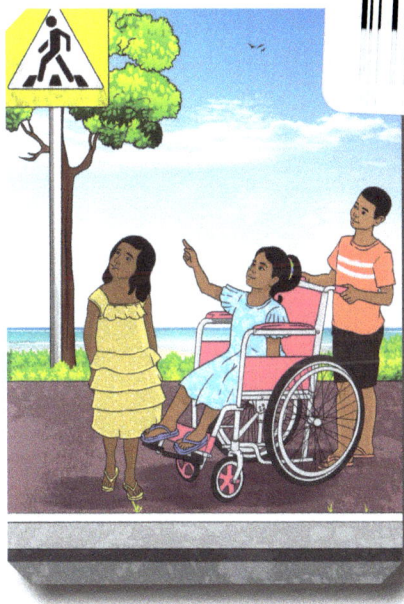

Te korokaraki iroun Toanrenga Terikaua
Te korotaamnei iroun John Robert Azuelo

Library For All Ltd.

E boutokaaki karaoan te boki aio i aan ana reitaki ae tamaaroa te Tautaeka ni Kiribati ma te Tautaeka n Aotiteeria rinanon te Bootaki n Reirei. E boboto te reitaki aio i aon katamaaroaan te reirei ibukiia ataein Kiribati ni kabane.

E boreetiaki te boki aio iroun te Library for All rinanon ana mwane ni buoka te Tautaeka n Aotiteeria.

Te Library for All bon te rabwata ae aki karekemwane mai Aotiteeria ao e boboto ana mwakuri i aon kataabangakan te ataibwai bwa e na kona n reke irouia aomata ni kabane. Noora libraryforall.org

Tuan te kawai

E moan boreetiaki 2022
E moan boreetiaki te katootoo aio n 2022

E boreetiaki iroun Library For All Ltd
Meeri: info@libraryforall.org
URL: libraryforall.org

Te korotaamnei iroun John Robert Azuelo

Atuun te boki Tuan te kawai
Aran te tia korokaraki Terikaua, Toanrenga
ISBN: 978-1-922876-05-8
SKU02333

Tuan te kawai

Ko a tia n ataa tuan
nanon te kawai?

Aio Meeri, Bwauro
ao Anna.

"Mauri Meeri!"

"Mauri Bwauro!"

"Mauri Anna!"

Ti a iriia bwa a na toua
nanon te kawai.

I mwaain touan nanon te kawai, taraa nanon te kawai man ataim bwa e na itiaki.

Tataninga ngkana iai te kaa.

I mwaain touakin nanon te kawai, taraa nanon te kawai man maingim bwa e na itiaki.

Tataninga ngkana iai te kaa.

"Teraa te kanikinaa aarei?"
e titiraki Anna.

"Te kanikina aarei e aranaki bwa
te tiibura. E kanikinaaea te tabo
n nakonako i nanon te kawai.
A riai n tei kaa ao n taningaa
baneia taan nakonako i aona,"
e kaeka Bwauro.

Ngkana ko toua nanon te kawai, kabonganaa raoi matam n tarai taian kaa i nanon te kawai.

Kabonganaa naba taningam ni kakaauongo tangin taian kaa ma rebwerebwe i nanon te kawai.

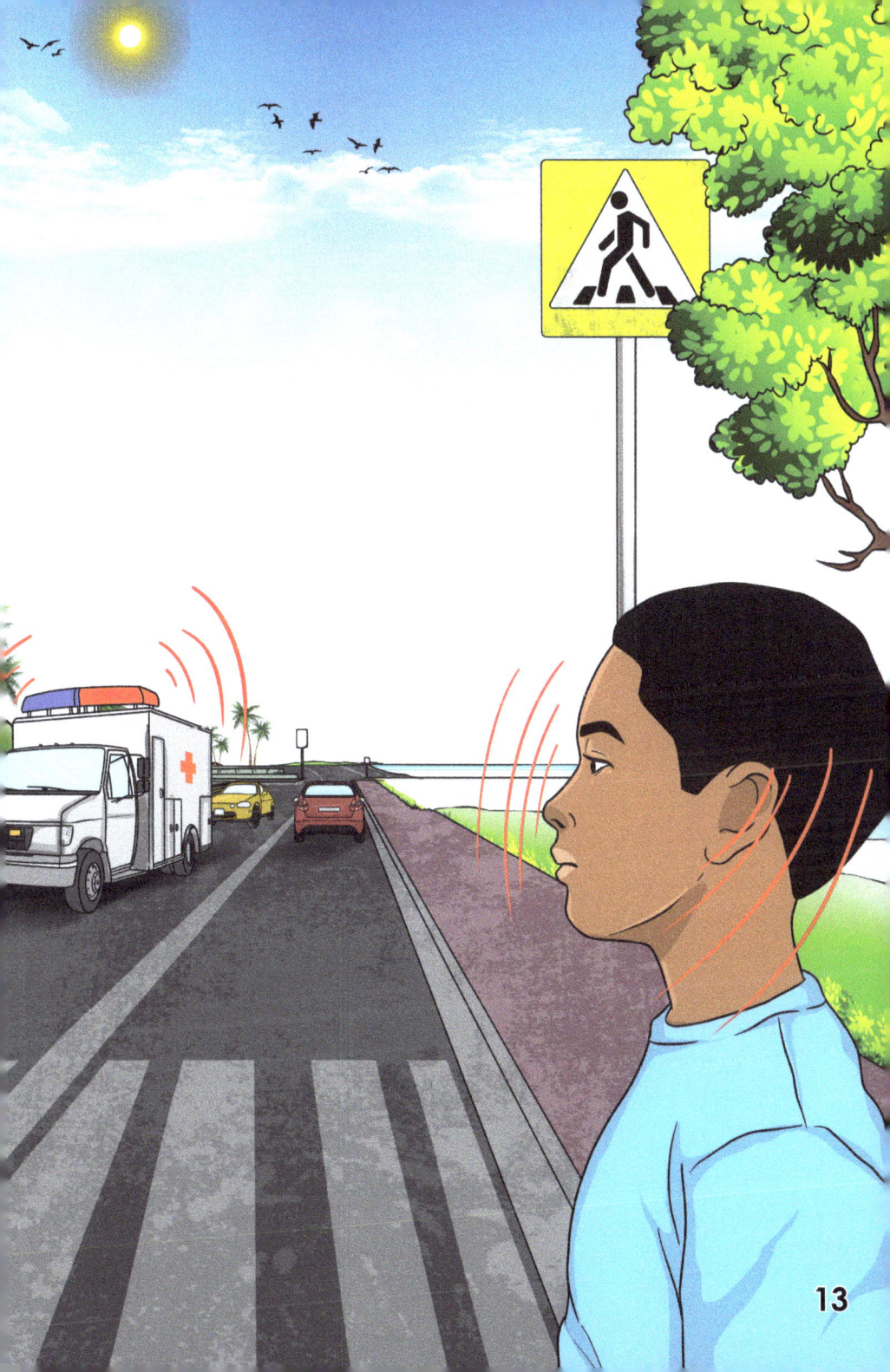

Tai kabonganaa te tareboon
i nanon te kawai.

Ko kona n aki noora kawaim
ao n reke n te kaangaanga iai.

Tai kabonganai bwaai
ni kakaauongo n te taninga.

Ko kona n aki ongo tangin
kaa ma rebwerebwe ao n
reke n te kaangaanga iai.

E rangi n raoiroi riki ngkana ko kaira temanna te ikawai, bwa e na raoniko n toua nanon te kawai.

Aio bon maurim.

A akea taian kaa ni buti!

Aio te tai ae ko riai ni
mwananga iai nakon
te itera are teuana.

Kam rabwa n amii kauring ibukin tuan nanon te kawai.

"Tiaboo Meeri!"

"Tiaboo Bwauro!"

"Tiaboo Anna!"

Ko kona ni kaboonganai titiraki aikai ni maroorooakina te boki aio ma am utuu, raoraom ao taan reirei.

Teraa ae ko reiakinna man te boki aio?

Kabwarabwaraa te boki aio.
E kaakamanga? E kakamaaku?
E kaunga? E kakaongoraa?

Teraa am namakin i mwiin warekan te boki aio?

Teraa maamaten nanom man te boki aei?

Karina ara burokuraem ni wareware
getlibraryforall.org

Rongorongoia taan ibuobuoki

E mmwammwakuri te Library For All ma taan korokaraki ao taan korotaamnei man aaba aika kakaokoro ibukin kamwaitan karaki aika raraoi ibukiia ataei.

Noora libraryforall.org ibukin rongorongo aika boou i aon ara kataneiai, kainibaaire ibukin karinan karaki ao rongorongo riki tabeua.

Ko kukurei n te boki aei?

Iai ara karaki aika a tia ni baarongaaki aika a kona n rineaki.

Ti mwakuri n ikarekebai ma taan korokaraki, taan kareirei, taan rabakau n te katei, te tautaeka ao ai rabwata aika aki irekereke ma te tautaeka n uarokoa kakukurein te wareware nakoia ataei n taabo ni kabane.

Ko ataia?

E rikirake ara ibuobuoki n te aonnaaba n itera aikai man irakin ana kouru te United Nations ibukin te Sustainable Development.

libraryforall.org